Índice

* recetas con paso a paso

tartas

Harina,
azúcar.
los cas
para la
Pueder
una agı
acompa
un café
colmara
golosos
variada
ciruela,
rellenos
sabor d

dulces

1

Tarta de frutas con nata

Ingredientes

- 1 lámina de masa de hojaldre • 4 manzanas
- 3 cucharadas de mantequilla
- 1 clavo de especia
- 1/2 limón
- 160 g de ciruelas pasas
- 50 g de uvas pasas
- 3 cucharadas de azúcar
- 1 vaso de nata montada

Preparación

1. Forrar un molde para tarta con el hojaldre y pinchar la base con un tenedor. Cubrirlo con papel de aluminio y distribuir en el fondo unas legumbres secas. Cocer en el horno, precalentado a 210° C, durante 15 minutos. Retirar el papel y las legumbres y continuar la cocción 10 minutos más.
2. Pelar las manzanas y cortarlas en dados. Fundir la mantequilla en una sartén a fuego suave. Añadir las manzanas y el clavo y cocer durante 5 minutos, sin dejar de remover. Incorporar el zumo de limón, las ciruelas deshuesadas y partidas por la mitad, las uvas pasas, el azúcar y 1 dl de agua.
3. Continuar la cocción durante 10 minutos más, removiendo de vez en cuando. Dejar enfriar y retirar el clavo de especia.
4. Rellenar la tarta de hojaldre con la compota de frutas preparada y decorarla con la nata montada.

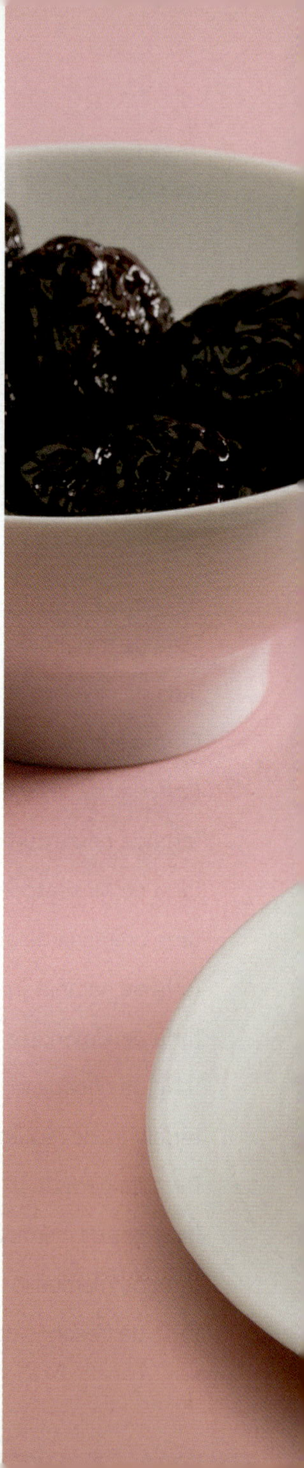

2 Tarta de requesón y orejones

Ingredientes

- 1 lámina de masa de hojaldre
- 250 g de requesón
- 3 huevos
- 3 cucharadas de azúcar
- 100 g de crema pastelera
- 1 limón
- 150 g de orejones

Preparación

1. Forrar un molde para tarta con el hojaldre. Dejar los orejones en remojo con agua tibia.
2. En un bol, mezclar el requesón con los huevos batidos, el azúcar, la crema pastelera, el zumo y la ralladura del limón y la mitad de los orejones cortados en tiras finas.
3. Rellenar la tarta con la preparación, decorar con los orejones restantes y cocer en el horno precalentado a 200° C durante 35-40 minutos. Dejar enfriar y desmoldar.

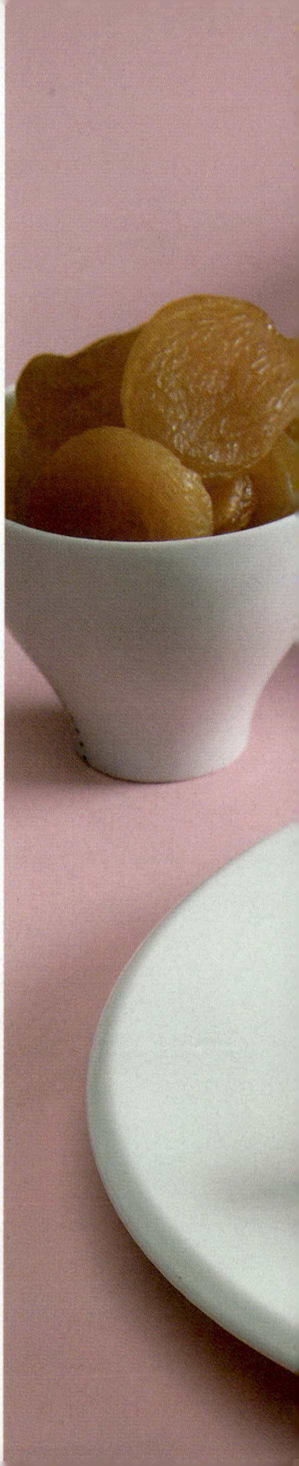

3 Tarta brillante de frutas frescas

Ingredientes

- 4 yemas de huevo
- 125 g de azúcar
- 45 g de maicena
- 1/2 litro de leche
- 1 ramita de canela
- 1 limón
- 1 base de tarta de hojaldre preparada (ver receta 1)
- 3 kiwis • 20 uvas
- 2 naranjas
- 2 cucharadas de gelatina neutra en polvo
- 1 cucharada de azúcar glas

Preparación

1. Calentar 1 vaso y 1/2 de leche en un cazo con el azúcar, la canela y la piel de limón. Retirar del fuego y eliminar el limón y la canela. Mezclar las yemas y la maicena con la leche restante. Verterlo en el cazo con la leche y colocarlo de nuevo en el fuego. Cocer a fuego bajo, sin dejar de remover, hasta que la crema espese. Tapar con film transparente y dejar enfriar.
2. Pelar los kiwis y cortarlos en rodajas. Retirar las semillas de las uvas. Pelar las naranjas y separarlas en gajos.
3. Rellenar la tarta con la crema y disponer las frutas encima formando círculos. Mezclar la gelatina con 8 cucharadas de agua y dejar reposar. Calentarlo al baño María, sin dejar de remover, hasta que la gelatina se haya disuelto. Mezclarla con el azúcar glas y dejar enfriar.
4. Pincelar la fruta con la gelatina y reservar en la nevera hasta el momento de servir.

4 Tarta de coco

Ingredientes

- 1 lámina de pasta brisa
- mantequilla
- 1 cucharada de maicena
- 1/2 l de leche
- 75 g de coco rallado
- 4 yemas de huevo
- 125 g de azúcar
- 1 limón

Preparación

1. Extender la masa y forrar el fondo y las paredes de un molde para tarta, previamente untado con mantequilla.
2. Disolver la maicena en la leche y cocer a fuego suave, removiendo sin parar, hasta que hierva. Dejar enfriar y añadir el coco rallado y las yemas batidas con el azúcar. Aromatizar con la ralladura de limón. Rellenar la tarta con esta crema.
3. Introducir en el horno, precalentado a 180° C, y cocer durante 30-35 minutos, aproximadamente. Dejarla enfriar, desmoldarla y servir.

5 Tarta de manzana

Ingredientes
- 160 g de harina
- 1 cucharadita de levadura en polvo
- 80 g de mantequilla
- 2 yemas
- 2 cucharadas de leche

Relleno
- 5 manzanas
- 50 g de mantequilla
- 80 g de azúcar
- 1 cucharada de harina

Preparación

1. Introducir en un bol la harina tamizada con la levadura, la mantequilla reblandecida, las yemas y la leche y trabajarlo hasta formar una masa homogénea. Formar una bola, envolverla con film transparente y dejarla reposar durante 30 minutos. Estirar la pasta con un rodillo y forrar un molde para tarta untado con mantequilla.
2. Cortar las manzanas en láminas muy finas. Rellenar la tarta colocando las láminas de manzana superpuestas, formando círculos de fuera hacia dentro. Batir la mantequilla y el azúcar con unas varillas hasta que esté cremosa. Añadir la harina y mezclar.
3. Cubrir las manzanas con esta preparación y cocer la tarta en el horno, precalentado a 180° C, durante 30-35 minutos. Desmoldar la tarta cuando esté fría.

6 Tarta de melón y sandía

Ingredientes

- 200 g de galletas tipo María
- 125 g de mantequilla
- 1 naranja

Relleno

- 8 yemas
- 50 g de azúcar
- 2 cucharadas de harina
- 1 cucharada de maicena
- 6 dl de leche
- 2 cucharadas de licor de naranja
- 450 g de bolitas de melón y de sandia
- 3 cucharadas de mermelada de melocotón

Preparación

1. Triturar las galletas en la picadora y mezclarlas con la mantequilla y la ralladura de naranja. Forrar el fondo y las paredes de un molde para tarta. Introducir en el horno, precalentado a 180° C, y cocer 10 minutos. Dejar enfriar.

2. Mezclar las yemas con el azúcar, la harina, la maicena y la leche. Cocer a fuego bajo, removiendo sin parar, hasta que espese.

3. Aromatizar con 1 cucharada de licor y dejar enfriar la crema removiendo de vez en cuando. Verterla sobre la base de tarta, y cuando esté totalmente fría, distribuir las frutas encima, alternando los colores.

4. Calentar la mermelada y el licor restante en un cazo pequeño. Pincelar la fruta con la mermelada, dejar enfriar y servir.

7 Tarta de queso fresco

Ingredientes
- 1 cucharada de gelatina neutra en polvo
- 80 g de azúcar
- 500 g de queso fresco para untar

Para la base
- 200 g de galletas tipo María
- 30 g de azúcar
- 100 g de mantequilla

Preparación
1. Disolver la gelatina y el azúcar en 1,5 dl de agua caliente. Reservar.
2. Batir el queso con la batidora hasta que adquiera una consistencia cremosa y mezclarlo con la gelatina. Reservar.
3. Triturar las galletas y mezclarlas con el azúcar y la mantequilla hasta conseguir una masa homogénea. Extenderla en el fondo de un molde para tarta, presionándola bien con el dorso de una cuchara para que quede compacta. Introducir en el horno, precalentado a 180º C, y cocer 10 minutos. Dejar enfriar. Cubrir con la crema de queso y reservar en la nevera hasta que haya cuajado. Desmoldar y servir.

8 Tarta de calabaza y jengibre

Ingredientes

- 1 lámina de pasta brisa
- 400 g de puré espeso de calabaza
- 3 huevos
- 150 g de azúcar
- 3 dl de nata líquida
- 1 cucharadita de zumo de limón
- una pizca de canela en polvo
- 1 cucharadita de jengibre rallado
- 1 cucharadita de mantequilla

Preparación

1. Untar un molde para tarta con mantequilla y forrarlo con la pasta brisa.
2. Mezclar el puré de calabaza con los huevos batidos, el azúcar, la nata, el zumo de limón, la canela y el jengibre.
3. Rellenar la tarta con la mezcla preparada, introducir en el horno, precalentado a 180° C, y cocer durante 30-35 minutos, hasta que la crema esté cuajada y la superficie se haya dorado. Dejar enfriar y desmoldar.

9 Tarta de limón

Ingredientes

- 1 lámina de pasta brisa
- 3 limones • 100 g de azúcar • 3 huevos
- 2 yemas de huevo
- 160 g de nata montada
- 1 cucharadita de mantequilla

Cobertura

- 60 g de azúcar
- 2 limones
- 2 naranjas

Preparación

1. Untar un molde de tarta con la mantequilla, forrarlo con la pasta brisa y pinchar la base con un tenedor. Cubrirla con papel de aluminio y distribuir en el fondo legumbres secas. Cocer en el horno, precalentado a 180º C, durante unos 10 minutos. Retirar y reservar.
2. Colocar la ralladura de los limones en un bol, añadir el zumo de los mismos y agua hasta obtener 1,5 dl de líquido. Reservar. Batir el azúcar, los huevos y las yemas. con unas varillas eléctricas hasta que esté cremoso y blanquecino. Incorporar el zumo reservado y después la nata montada. Rellenar la tarta con esta preparación y cocer en el horno a 180º durante 25-30 minutos hasta que cuaje.
3. Hervir el azúcar con 1,5 dl de agua hasta obtener un almíbar. Añadir los limones y las naranjas, cortados en rodajas y cocer durante 5 minutos.
4. Una vez cocida la tarta, disponer las rodajas de naranja y limón encima formando círculos, dejar enfriar y servir.

10 Tarta de frambuesas y queso

Ingredientes

- 1 lámina de pasta brisa
- 5 hojas (10 g) de gelatina
- 250 g de frambuesas
- 3 cucharadas de azúcar
- 200 g de queso fresco
- 1 yogur
- nata montada

Preparación

1. Forrar un molde de tarta con la pasta brisa, revestirlo con papel de aluminio y distribuir en el fondo legumbres secas. Cocer en el horno, precalentado a 180° C, durante 10 minutos, retirar el papel y las legumbres y continuar la cocción 15 minutos más. Dejar enfriar.
2. Dejar las hojas de gelatina en remojo con agua fría durante 5 minutos. Triturar 400 g de frambuesas con el azúcar hasta obtener un puré. Calentarlo en un cazo, añadir las hojas de gelatina escurridas y mezclar. Retirarlo del fuego y dejarlo enfriar. Incorporar el queso y el yogur y remover bien.
3. Verter la crema sobre la tarta y dejarla en el frigorífico hasta que haya cuajado. Desmoldarla y decorarla con la nata montada y el resto de las frambuesas.

11 Tartaletas de fruta confitada

Ingredientes

- 2 láminas de pasta brisa
- 80 g de frutas confitadas
- 4 nueces
- 60 g de almendras
- 3 higos secos
- 1 cucharada de ron
- 2 cucharadas de mermelada de fresas

Preparación

1. Forrar el fondo y las paredes de 8 moldes para tartaletas con la pasta brisa.
2. Colocar en un bol, las frutas confitadas, las nueces, las almendras y los higos secos picados no muy finos, el ron y la mermelada de fresas. Mezclar muy bien y rellenar los moldes.
3. Cocer en el horno precalentado a 180°C durante 15-20 minutos, aproximadamente, hasta que las tartaletas estén doradas.

12 Tartaletas de mora

Ingredientes

- 2 láminas de pasta brisa
- 350 g de moras
- 80 g de azúcar + 3 cucharadas
- 3 cucharadas de gelatina neutra en polvo
- 4 dl de leche
- 3 yemas • 1 cucharadita de maicena • 1 cucharada de mantequilla
- 1 vaina de vainilla
- 2 vasos de nata montada

Preparación

1. Forrar 8 moldes de tartaletas con la pasta brisa y pinchar la base con un tenedor. Cubrirlos con papel de aluminio y distribuir en el fondo legumbres secas. Cocer en el horno, precalentado a 180° C, durante 12 minutos. Retirar el papel y las legumbres y dejar enfriar.
2. Cocer 250 g de moras con 80 g de azúcar durante 10 minutos. Mezclar la gelatina con 3 cucharadas de agua y dejar que se hinche. Calentarla y mezclarla con las moras.
3. Calentar la mitad de la leche con el azúcar, la mantequilla y la vaina de vainilla abierta a lo largo. Mezclar la leche restante con las yemas de huevo y la maicena. Verterlo en el cazo con la leche y cocer a fuego bajo, sin dejar de remover hasta que espese. Retirar la vainilla y dejar enfriar.
4. Rellenar las tartaletas con una porción de crema y distribuir por encima las moras. Decorar con la nata montada y el resto de las moras.

13 Corazones con frambuesas

Ingredientes

- 1 lámina de masa de hojaldre
- 1 cucharadita de maicena
- 1 taza de mermelada de frambuesas
- 1 cucharada de licor de cerezas o brandy
- 400 g de frambuesas
- 1 vaso de nata montada
- 1 cucharada de azúcar glas

Preparación

1. Cortar 4 corazones de hojaldre y cocerlos en el horno, precalentado a 200° C, durante 15 minutos.
2. En un cazo, diluir la maicena en 2 cucharadas de agua y mezclarla con la mermelada. Cocer, sin dejar de remover, hasta llevar a ebullición. Retirar del fuego y añadir el licor. Dejar enfriar.
3. Cortar los corazones por la mitad y rellenarlos con la preparación anterior. Decorar con frambuesas, espolvorear con azúcar glas y servir con nata montada.

14 Tarta de piña

Ingredientes

- 250 g de galletas tipo María
- 125 g de mantequilla
- 6 dl de leche
- 125 g de azúcar
- 1 cucharada de maicena
- 6 yemas
- 4 rodajas de piña en almíbar
- 2 cucharadas de mermelada de piña
- 2 claras de huevo

Preparación

1. Triturar las galletas con la picadora y mezclarlas con la mantequilla hasta obtener una masa. Forrar con ella el fondo y las paredes de un molde para tarta con fondo desmontable. Introducirlo en el frigorífico mientras se prepara el relleno.
2. Mezclar la leche, el azúcar, la maicena y las yemas. Cocer a fuego suave, removiendo con unas varillas, hasta que espese. Verter en un bol y dejar enfriar. Incorporar la piña escurrida y troceada.
3. Untar la base de galletas con la mermelada de piña y distribuir la crema por encima. Montar las claras a punto de nieve y agregar el azúcar, poco a poco, sin dejar de batir, hasta obtener un merengue firme. Cubrir la tarta con el merengue, formando ondas, y dorarla bajo el grill del horno durante 8-10 minutos. Desmoldar la tarta cuando esté fría.

15 Tarta de crema con coco

Ingredientes

- 1 lámina de pasta brisa
- 180 g de azúcar
- 5 yemas de huevo
- 1/2 l de leche
- 1 dl de leche de coco
- 4 claras de huevo
- 1 cucharada de zumo de limón
- 2 cucharadas de coco rallado

Preparación

1. Forrar un molde para tarta con la pasta brisa y pinchar la base con un tenedor. Cubrirlo con papel de aluminio y distribuir en el fondo unas legumbres secas. Cocer en el horno, precalentado a 180° C, durante 15 minutos. Retirar el papel y las legumbres y continuar la cocción 10 minutos más. Relleno: Hervir el azúcar con 1 dl de agua 5 minutos. Cuando esté tibio, mezclar la mitad con las yemas, la leche y la leche de coco. Cocer hasta que espese un poco, sin que llegue a hervir. Retirar del fuego y dejar enfriar.
2. Montar las claras a punto de nieve con unas varillas eléctricas y, sin dejar de batir, incorporar el resto del almíbar hirviendo y el zumo de limón. Batir hasta formar picos.
3. Rellenar la tarta con el merengue y regar con la crema. Mezclar los dos preparados con un tenedor. Espolvorear con el coco rallado y reservar en el frigorífico.
4. Desmoldar la tarta con cuidado y trasladarla a una fuente.

16 Tarta de melocotón

Ingredientes

- 1 base de tarta brisa preparada (ver receta 15)
- 125 g de azúcar
- 3 yemas
- 2 cucharadas de harina de arroz
- 6 dl de leche
- 2 cucharadas de licor de melocotón
- 7 mitades de melocotones en almíbar
- 1 cucharada de fideos de chocolate

Preparación

1. Calentar 4 dl de leche con el azúcar en un cazo. Mezclar las yemas, la harina de arroz y la leche restante. Verterlo en el cazo y cocer a fuego bajo, sin dejar de remover, hasta que haya espesado.
2. Aromatizar con el licor de melocotón y dejar entibiar. Rellenar la tarta con la crema, extendiéndola bien con el dorso de una cuchara.
3. Decorar con los medios melocotones, espolvorear con los fideos de chocolate y servir.

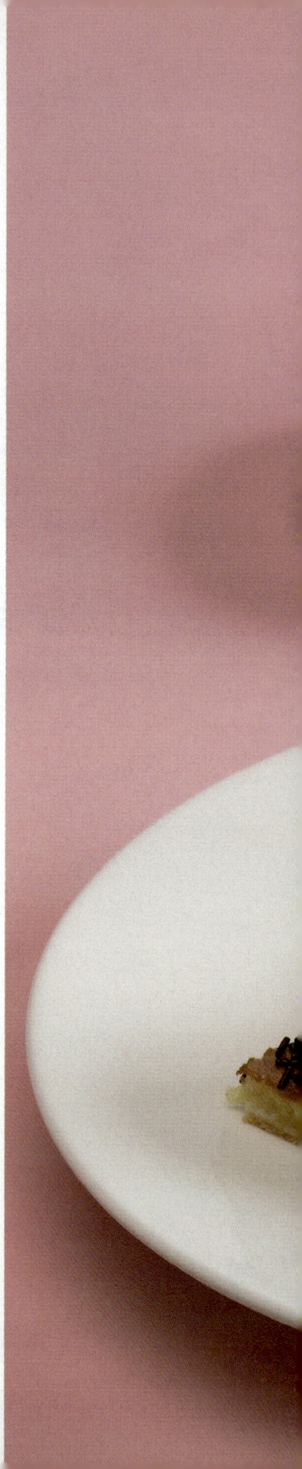

17 Tarta de piña con almendras

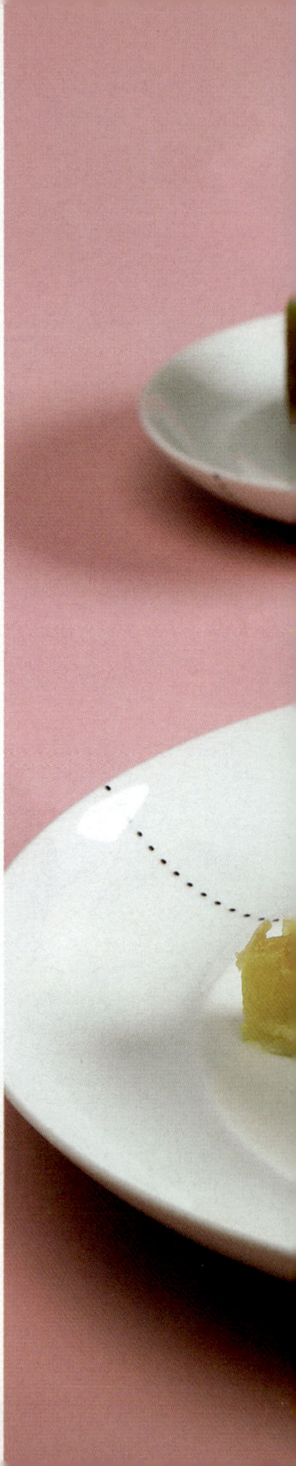

Ingredientes

- 1 lámina de masa de hojaldre
- 1 piña pequeña
- 125 g de mantequilla
- 125 g de azúcar
- 1 huevo
- 125 g de granillo de almendra
- 3 cucharadas de ron
- 1,5 dl de nata líquida

Preparación

1. Pelar la piña y cortar la pulpa en trocitos. Fundir la mantequilla en una sartén grande. Añadir el azúcar y cocer hasta que se haya fundido. Incorporar la piña y cocer durante unos minutos, removiendo con un tenedor de madera. Dejar entibiar .
2. Forrar un molde para tarta con la masa de hojaldre y pinchar la base con un tenedor. Distribuir en el fondo la preparación de piña.
3. Batir el huevo y mezclarlo con el ron, la nata y el granillo de almendra. Verterlo sobre la piña y cocer en el horno, precalentado a 200° C, durante 35-40 minutos. Desmoldar la tarta cuando esté fría.

18 Tarta merengada de pomelo

Ingredientes

- 1 lámina de pasta brisa • 1 bote de leche condensada
- 4 huevos
- 8 cucharadas de zumo de pomelo
- 1 cucharadita de ralladura de pomelo
- 3 cucharadas de azúcar glas

Preparación

1. Estirar la masa y forrar el fondo y las paredes de un molde para tarta. Pinchar la base con un tenedor, colocar encima una hoja de papel de aluminio y cubrir el fondo con legumbres secas. Introducir en el horno, precalentado a 180° C, y cocer 10 minutos. Mezclar la leche condensada con las yemas de huevo batidas y el zumo y la ralladura de pomelo.
2. Montar 1 clara a punto de nieve firme con unas varillas e incorporarla a la preparación mezclando con cuidado. Verterlo en la tarta y alisar con el dorso de una cuchara.
3. Cocer en el horno, precalentado a 180° C, hasta que la crema haya cuajado. Montar las claras restantes a punto de nieve firme, y sin dejar de batir, incorporar el azúcar glas.
4. Distribuir cucharadas de merengue sobre la tarta y dorarlo ligeramente bajo el grill del horno.

19 Tarta de nueces y mango

Ingredientes

- 1 lámina de pasta brisa
- 3 huevos grandes
- 125 g de azúcar
- 1 sobre de flan instantáneo
- 200 g de nueces
- 1 bote de leche evaporada
- 0,5 dl de zumo de mango
- 4 rodajas de mango

Preparación

1. Batir ligeramente los huevos con el azúcar y el flan. Añadir la mitad de las nueces molidas, la leche evaporada y el zumo de mango.
2. Forrar un molde para tarta de fondo desmontable con la pasta. Rellenar con la preparación anterior y decorar con las nueces restantes cortadas por la mitad y rodajas finas de mango.
3. Introducir en el horno, precalentado a 180° C, y cocer durante 30-35 hasta que la superficie esté dorada.

20 Tarta de peras con chocolate

Ingredientes

- 1 lámina de pasta brisa
- 1 cucharada de harina
- 50 g de azúcar
- 1 huevo • 3 peras
- 3 dl de leche + 2 cucharadas
- 1 cucharadita de ralladura de limón
- 100 g de chocolate fondant
- 1 cucharada de mantequilla

Preparación

1. Forrar el fondo y las paredes de un molde para tarta con la pasta brisa. Pinchar la base con un tenedor, colocar encima una hoja de papel de aluminio y cubrir el fondo con legumbres secas. Introducir en el horno, precalentado a 180° C, y cocer durante 15 minutos.
2. Calentar 2 dl de leche con el azúcar en un cazo. Mezclar la harina con el huevo y la leche restante y verterlo en el cazo. Cocer a fuego bajo, removiendo sin parar, hasta que la crema espese. Aromatizar con la ralladura de limón y retirar del fuego.
3. Rellenar la tarta con la crema y distribuir encima las peras peladas y cortadas en láminas. Introducir en el horno a 180° C y cocer 15-20 minutos más.
4. Trocear el chocolate y fundirlo al baño María con 2 cucharadas de leche y la mantequilla. Servir la tarta acompañada de la salsa de chocolate.

21 Tarta de Mascarpone y pasas

Ingredientes

- 1 lámina de pasta brisa
- 1 cucharada de ron
- 2 yemas de huevo
- 2 cucharadas de azúcar glas
- 200 g de queso Mascarpone
- 1 cucharada de jarabe de grosella
- 100 de pasas de Corinto

Preparación

1. Forrar un molde de tarta con la pasta brisa y pinchar la base con un tenedor. Revestirlo con papel de aluminio y distribuir encima legumbres secas. Cocer en el horno a 180º C durante 15 minutos. Retirar el papel y las legumbres y cocer 8-10 minutos más. Cuando esté fría, pincelar la base con el ron.

2. Dejar las pasas en remojo con agua tibia. Batir las yemas y el azúcar con unas varillas hasta obtener un compuesto cremoso. Añadir el queso Mascarpone y después el jarabe de grosella y mezclar bien.

3. Incorporar las pasas escurridas y distribuirlo sobre la base de tarta.

4. Alisar la superficie y hacer movimientos circulares con un tenedor, para formar picos. Introducir en el frigorífico hasta que esté bien frío, desmoldar y servir.

22 Tarta cremosa de almendras tostadas

Ingredientes

- 1 lámina de pasta brisa
- 1 bote de leche condensada
- 125 g de almendras tostadas
- 1 cucharada de mantequilla
- 3 yemas de huevo
- 2 dl de leche
- 75 g de almendras laminadas

Preparación

1. Forrar el fondo y las paredes de un molde para tarta con la pasta brisa. Pinchar el fondo con un tenedor, colocar encima papel de aluminio y cubrir el fondo con legumbres secas. Cocer en el horno precalentado a 180° C durante 10 minutos. Eliminar el papel de aluminio y las legumbres y reservar.
2. Mezclar la leche condensada con las almendras tostadas molidas y la mantequilla. Ponerlo al fuego y llevarlo a ebullición sin dejar de remover. Retirar y añadir las yemas mezcladas con la leche. Cocer, removiendo sin parar, hasta que haya espesado pero sin que llegue a hervir
3. Rellenar la tarta con la crema y decorar con las almendras laminadas. Cocer en el horno, precalentado a 180° C, hasta que esté dorada. Dejar enfriar y desmoldar.

23 Tarta de naranja y piñones

Ingredientes

- 1 lámina de masa de hojaldre
- 3 huevos
- 130 g de azúcar
- 1 dl de zumo de naranja
- 75 g de piñones + 1 cucharada
- 2 naranjas
- 1 cucharada de mantequilla
- 1 cucharadita de ralladura de naranja
- cerezas en almíbar

Preparación

1. Forrar el fondo y las paredes de un molde de tarta con la masa. En un bol, batir los huevos con el azúcar. Añadir el zumo y la ralladura de la naranja y los piñones.
2. Rellenar con esta mezcla la tarta y cocer en el horno precalentado a 200° C durante 30-35 minutos. Pelar las naranjas y cortarlas en rodajas finas. Distribuirlas sobre la tarta, pincelarlas con la mantequilla reblandecida y cocer en el horno unos 5 minutos más.
3. Antes de servir, decorar la tarta con cerezas en almíbar y piñones.

24 Tarta de almendras y canela

Ingredientes

- 1 lámina de pasta brisa
- 200 g de almendras
- 180 g de azúcar
- 3 limones • 3 huevos
- 4 yemas
- 1 cucharada de mantequilla
- canela en polvo

Preparación

1. Escaldar las almendras, escurrirlas y pelarlas aún calientes. Reservar 60 g para decorar y cortar las restantes en láminas.
2. Preparar un almíbar, hirviendo el azúcar con 1 dl de agua y la piel de los limones durante 5 minutos. Dejar entibiar y retirar las pieles.
3. Batir los huevos enteros con las yemas y la mantequilla reblandecida. Añadir el almíbar y las almendras laminadas y mezclar. Forrar un molde de tarta con la pasta brisa y pinchar el fondo con un tenedor.
4. Verter la mezcla preparada, espolvorear con canela y decorar con las almendras enteras reservadas. Introducir en el horno, precalentado a 180° C, y cocer durante 30-35 minutos, hasta que la tarta esté cocida y la superficie se haya dorado. Desmoldarla cuando esté fría.

25 Tarta de chocolate

Ingredientes

- 250 g de galletas tipo María
- 125 g mantequilla + 2 cucharadas
- 3 cucharadas de azúcar
- 2,5 dl de leche
- 1 cucharada de maicena
- 100 g de chocolate fondant
- 100 g de chocolate blanco
- 3 dl de nata para montar

Preparación

1. Triturar las galletas y mezclarlas con la mantequilla y el azúcar hasta obtener una masa homogénea. Forrar el fondo y las paredes de un molde para tarta desmontable y reservar en el frigorífico.
2. Mezclar la leche con la maicena y la mantequilla restante y llevar a ebullición sin dejar de remover. Retirar del fuego y añadir el chocolate fondant y el chocolate blanco rallados (no muy finamente). Batir ligeramente e incorporar la nata montada, mezclando con cuidado de abajo arriba.
3. Rellenar la tarta con esta preparación y dejarla en el frigorífico hasta que el relleno esté firme. Desmoldar y trasladar a una fuente de servir.

26 Tartaletas de requesón

Ingredientes

- 400 g de queso fresco para untar
- 3 huevos
- 6 cucharadas de leche condensada
- 40 g de uvas pasas
- 30 g de naranja confitada
- 2 láminas de pasta brisa
- 8 cerezas en almíbar

Preparación

1. En un bol, mezclar el queso con los huevos batidos, la leche condensada, las pasas y la naranja confitada cortada en juliana.
2. Forrar 8 moldes para tartaletas con la pasta brisa y pinchar el fondo con un tenedor. Rellenarlas con la mezcla preparada y decorar cada tartaleta con una cereza en almíbar. Introducir en el horno, precalentado a 180°, y cocer durante 30-35 minutos, hasta que el relleno haya cuajado y la superficie esté dorada.

27 Tarta de peras

Ingredientes

- 1 base de tarta brisa preparada (ver receta 15)
- 1 bote de peras en almíbar
- 1 sobre de gelatina neutra en polvo
- 1,5 dl de leche
- 1 cucharada de zumo de limón
- 1 vaso de nata montada
- 2 cucharadas de mermelada de pera o albaricoque

Preparación

1. Escurrir muy bien las peras y reservarlas. Calentar el almíbar con la leche y disolver la gelatina.
2. Añadir el zumo de limón, mezclar y dejar en el frigorífico hasta que esté frío. Incorporar la nata y mezclar bien.
3. Rellenar la base de tarta brisa con la preparación y dejarla en el frigorífico hasta que haya cuajado.
4. Cubrir con las peras cortadas en gajos finos. Calentar a fuego bajo la mermelada y pincelar con ella la superficie de la tarta. Reservar en el frigorífico hasta el momento de servir.

28 Tartaletas de mermelada y almendras

Ingredientes

- 200 g de almendras crudas peladas
- 1 bote de mermelada de albaricoque
- 1 limón
- 2 láminas de masa de hojaldre

Preparación

1. Forrar 8 moldes de tartaletas con el hojaldre. Pinchar la base con un tenedor, cubrir con papel de aluminio y distribuir en el fondo legumbres secas. Cocer en el horno a 200° C durante 10 minutos. Eliminar el papel y las legumbres y reservar.
2. Triturar la mitad de las almendras y mezclarlas con la mermelada y la ralladura del limón.
3. Colocar las tartaletas en una bandeja de horno y rellenarlas con la mezcla de mermelada y almendras.
4. Decorar con las almendras enteras restantes y cocer en el horno a 200° C hasta que el relleno esté dorado.

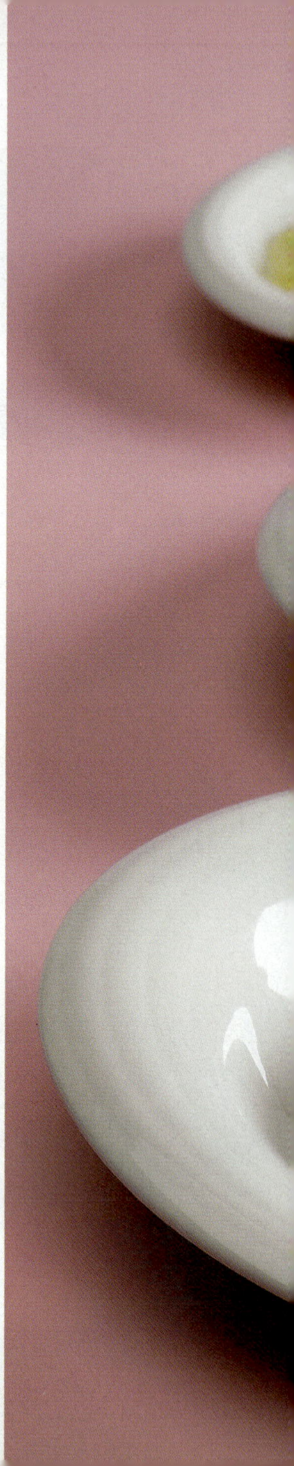

29 Tarta de membrillo

Ingredientes

- 1 lámina de pasta brisa
- 200 g de membrillo
- 3 cucharadas de mantequilla
- 2 huevos
- 0,5 dl de leche
- limón para decorar

Preparación

1. Untar un molde de tarta desmontable con un poco de mantequilla, revestirlo con la pasta brisa y pinchar la base con un tenedor. Colocar encima una hoja de papel de aluminio y cubrir el fondo con legumbres secas. Cocer en el horno precalentado a 200° C durante 15 minutos. Retirar el papel y las legumbres y cocer 5 minutos más.
2. Triturar el membrillo y mezclarlo en un cazo con la mantequilla, las yemas batidas y la leche. Calentarlo, sin dejar de remover, hasta que hierva. Retirar del fuego, dejar enfriar y agregar las claras montadas a punto de nieve. Extender el relleno sobre la base y cocer en el horno, precalentado a 180° C, unos 5-10 minutos, hasta que la superficie esté dorada.
3. Desmoldar la tarta cuando esté fría y decorar con virutas de corteza de limón.

30 Tarta de fresones con almendras

Ingredientes

- 1 base de tarta brisa preparada (ver receta 15)
- 50 g de almendras crudas y peladas
- 100 g de almendrados
- 1 bote de mermelada de fresas
- 1/2 kg de fresones

Preparación

1. Triturar las almendras en la picadora no muy finas.
2. Triturar los almendrados y mezclarlos con las almendras.
3. Untar generosamente el fondo de la tarta con la mermelada y distribuir encima la mezcla anterior. Rociar con 5 cucharadas de mermelada diluida en 1 cucharada de agua tibia.
4. Lavar y limpiar los fresones y distribuirlos sobre la tarta. Calentar 3 cucharadas de mermelada con 2 cucharadas de agua y cuando esté bien diluida pincelar con ella los fresones. Reservar en el frigorífico hasta el momento de servir.

tartas dulces

EDIPRESSE
ESPAÑA

TÍTULO: TARTAS DULCES
COLECCIÓN: BIBLIOTECA LECTURAS

DEPÓSITO LEGAL: 215031-04
ISBN: 84-7183-747-1
EDITA: EDIPRESSE HYMSA S.A.

tartas dulces

EDIPRESSE ESPAÑA

Título: Tartas dulces
Colección: Biblioteca Lecturas

Depósito legal: 215031-04
ISBN: 84-7183-747-1
Edita: EDIPRESSE HYMSA S.A.